LA SITUATION

ET

LA RÉVISION

PAR

S. PEYNAUD

PRIX : 1 FRANC.

PARIS

LIBRAIRIE ANCIENNE ET MODERNE

L. BAILLIÈRE ET H. MESSAGER

12, RUE DE L'ANCIENNE-COMÉDIE, 12

1883

LA SITUATION

ET

LA RÉVISION

PAR

S. DEYNAUD

PARIS

TYPOGRAPHIE N. BLANPAIN

7, RUE JEANNE, 7

—

1883

Nous voulons examiner la situation générale et celle des divers partis sans nous arrêter aux autres questions.

Les travers des classes dirigeantes produisent à certaines époques un Molière, un Labruyère ; les vices de notre génération exigent un Zola. La critique de la morale bourgeoise appartient aux naturalistes; il faut des tempéraments robustes pour fouiller dans ce tas en putréfaction.

Les questions politiques et économiques, épuisées en apparence par les débats de la presse quotidienne, ne sont presque jamais séparées des intérêts de la haute banque ; rarement elles sont considérées dans leurs rapports vrais, avec un ordre social juste, c'est-à-dire organisé conformément aux intérêts de tous.

Nous tentons de combler cette lacune en écrivant cette brochure. Elle ne contient pas une étude approfondie des questions politiques et économiques à l'ordre du jour de l'opinion publique et des préoccupations gouvernementales ; nous avons voulu en passer quelques-unes au criterium collectiviste, afin de donner aux hommes de bonne volonté une occasion de constater que cette école socialiste si conspuée possède des procédés critiques dignes d'attention. Nous avons pensé que la publication de nos réflexions sur des évènements d'actualité serait peut-être un moyen de calmer un peu les méfiances répandues contre nos doctrines et de donner à quelques-uns l'envie d'en faire une étude plus sérieuse.

LA SITUATION

Les affaires sont nulles ; c'est la faute à la politique : ainsi peuvent se résumer la plupart des conversations entre gens d'affaires.

En accusant ainsi la politique on semble méconnaître que les crises politiques ne sont plus aujourd'hui, dans les pays industriels, que les reflets des complications d'ordre économique. Les premières ne sont pas des causes, elles sont les conséquences des secondes ; il faut supprimer celles-ci, si on veut se débarrasser des autres.

Cette opinion contraire à la manière de voir la plus répandue ne peut prévaloir tout d'un coup auprès de la masse. Un travail éducatif, long, pénible, incessant, est nécessaire à cette transformation de l'opinion publique. On ne peut attendre semblables efforts de gens pressés de jouir, habitués à considérer la société comme un champ de bataille, où les forts, les roués doivent écraser les autres sous les étreintes de la loi en sachant, eux, se préserver de ses coups. — Loi sainte, dit-on. — Loi sacrée, lorsqu'elle est l'expression des besoins humains ; loi abominable, lorsqu'elle est sortie d'une nécessité gouvernementale, lorsqu'elle consacre le triomphe de la force, lorsqu'elle est née de l'occasion.

Ces jouisseurs ont plus d'avantages à perpétuer les anciennes erreurs.

C'est la faute à la politique, qui sera toujours mauvaise sous une République, disent ceux qui savent ne pouvoir espérer une situation publique sous cette raison gouvernementale. D'après d'autres, il suffirait de réviser la Constitution ; parce que cette révision entraînerait la chute d'un ministère, seul obstacle à leur ambition.

Certains, n'ayant d'autre désir que celui de bien vendre leurs vins, s'en prennent à la politique qui serait parfaite, si, pour les satisfaire, le gouvernement interdisait l'entrée en France des vins étrangers. Les marchands de fer, les tisseurs, les filateurs garantiraient une excellente politique pourvu qu'on les préservât de la concurrence étrangère. Les exportateurs, les importateurs, les colonisateurs et autres tripoteurs demandent impérieusement des débouchés.

Tout cela serait d'un haut comique ; ces litanies à dame politique nous impressionneraient peu, si la masse n'était là, commençant à convulsionner avant de connaître suffisamment les conditions de sa rédemption.

Commerce, industrie, travail, tout languit ; cela n'est pas contestable. On accuse la politique tandis que le vrai coupable est l'ordre social.

Lorsque la consommation demande plus que les ouvriers, les agriculteurs, les industriels et les commerçants peuvent livrer, chaque catégorie de ces citoyens s'enferme dans les préoccupations de sa spécialité, laissant les politiciens grouiller dans leur marais. Dès que l'offre des marchandises dépasse la demande de la consommation, les producteurs en chômage, les intermédiaires surchargés de produits difficiles à écouler, habitués à considérer l'ordre social comme l'expression parfaite des nécessités naturelles, convaincus en raison directe de leur naïveté qu'il n'y a pas de leur faute personnelle, se mettent à regarder du côté des politiciens ; et, bien que la besogne de ces derniers soit toujours la même, les premiers la trouvent plus mauvaise que dans les circonstances ordinaires ; ce qui ne tarde pas à se produire. Les politiciens inquiétés par cette surveillance accidentelle ne manquent pas de commettre quelque énormité, de nature à troubler la société tout entière sans améliorer leur situation particulière.

Généralement, plus le chômage et la surproduction sont manifestes, plus les questions politiques préoccupent l'opinion publique ; puis on s'étonne de voir le mal empirer, comme s'il n'est pas rationnel qu'une chose presque toujours mauvaise dans les mains expertes à son maniement produise des résultats exécrables lorsqu'elle devient l'affaire de tout le monde.

Les gens superficiels et intéressés jugent d'après ce qu'ils voient ; les uns manquent d'éducation économique, les autres se gardent bien de dire ce qu'ils savent.

Les collectivistes prétendent que la production est limitée à la satisfaction des besoins capitalistes et à l'entretien des travailleurs nécessaires à cette satisfaction, entretien, dont les privilégiés apprécient discrétionnairement les limites, — que les ouvriers aidés par un puissant machinisme, ne peuvent travailler assidûment pendant une période pacifique de quelques années sans réaliser un quantum de production dépassant les besoins capitalistes, — que cette surproduction a pour conséquence une baisse de la demande des bras, suivie d'une réduction de la consommation ouvrière entraînant un chômage commercial, qui répercute et aggrave les causes du désordre économique.

Un grand nombre d'économistes ont reconnu la vérité de cette observation, ils l'ont résumée dans la formule suivante : *Dans les pays civilisés, la richesse et la misère se développent suivant deux lignes parallèles ;* ce qui veut dire en langage vulgaire que la misère croît en raison directe de l'augmentation des richesses. D'autres économistes, M. Leroy Beaulieu, notamment, ont résolûment contesté cette interprétation. M. Beaulieu a cité, comme preuve de son argumentation, l'élévation constante du taux des journées ouvrières à Paris, mais il a oublié de tenir compte des chômages, de l'élévation du prix des denrées de première nécessité, des nouveaux besoins humains, à mesure que la race se perfectionne, et de bien d'autres considérations signalées par les collectivistes, rigoureux observateurs des faits.

Les vertes admonestations et les doctorales semonces de M. Beaulieu n'empêchent pas les collectivistes de continuer à soutenir que cette antinomie de la misère, devenant plus aiguë à la suite des périodes de surproduction, engendre toutes les convulsions sociales contre lesquelles les modifications politiques seront impuissantes, à moins qu'elles n'aient des conséquences économiques importantes.

Cette théorie est complètement confirmée par l'observation. Rien ne la justifie mieux que l'examen des faits accomplis pendant les quarante dernières années.

Sous le règne de Louis-Philippe, la grande industrie, dans un pays manquant de moyens de transport et de débouchés, a bientôt produit plus que n'exigent la consommation intérieure et l'exportation. Les travailleurs disponibles, à la suite de cette surproduction, et les commerçants atteints dans leurs bénéfices ordinaires par la diminution de la consommation ouvrière sont disposés à écouter les orateurs réformistes mettant au compte de la politique intérieure les embarras économiques. L'opinion publique est bientôt persuadée que le gouvernement est responsable du malaise général, elle favorise toutes les manifestations dirigées contre le gouvernement, espérant lui imposer des réformes politiques d'où sortira une situation matérielle meilleure. Le monarque constitutionnel épouvanté, se reconnaissant impuissant, laisse aux républicains un pouvoir dont il ne sait que faire.

Les républicains héritent ainsi du gouvernement et de toutes les complications économiques qu'ils avaient exploitées, la veille, contre la monarchie orléaniste.

Le peuple croyant aux promesses des hommes nouveaux, attendant tout de la liberté politique, est bientôt surpris de ne pas éprouver le mieux-être désiré. Il est d'abord convaincu qu'il lui suffit d'user du droit de réunion pour décider le pouvoir à agir suivant les intérêts du travail. Les premières démonstrations pacifiques, admirables exemples de la discipline née de fortes convictions, demeurent stériles. Elles sont bientôt suivies de démonstrations tumultueuses, dans lesquelles le peuple-armé réclame le droit au travail.

Les ateliers nationaux, les travaux extraordinaires, rien ne peut atténuer longtemps les tristes effets d'une longue période de surproduction. Les gouvernants républicains se font fusilleurs; ils restent quand même impuissants à apaiser la misère.

Enfin, après une longue période d'agitation stérile, de modifications politiques sans résultats économiques, la France énervée tombe aux mains de Napoléon III.

La République venait de succomber, non parce que le peuple avait manqué de libertés politiques, mais parce qu'on avait toujours laissé intacts le droit des possesseurs de la matière et de l'outillage de régler suivant leurs besoins particuliers le contact de ces deux générateurs de la richesse. Les dirigeants d'alors ne savaient pas mieux que ceux d'aujourd'hui quelles sont les causes réelles des complications économiques. Les eussent-ils connues, ils n'auraient pu les dominer, car un peuple ne supporte pas longtemps des solutions incomprises de ses éléments militants. Le peuple de 48 n'avait pas été préparé à une révolution économique. La République échoua, parce que, même à ses heures les plus audacieuses, elle n'avait pas cessé d'être bourgeoise, c'est-à-dire un gouvernement au service des intérêts des possesseurs de la matière et de l'outillage.

Ces intérêts sont toujours opposés à ceux des salariés. Cet antagonisme est d'autant plus accusé que les conditions générales de la société paraissent mieux harmonisées avec les besoins apparents. La confusion de ces deux intérêts, lorsqu'elle semble exister, n'est jamais réelle ; mais on serait tenté d'y croire après les grandes catastrophes ; alors le bien-être bourgeois est tellement bouleversé qu'il faut le concours exceptionnel de tout le prolétariat pour le ramener à son précédent niveau. Dès que ce résultat est atteint, l'antagonisme cesse d'être à l'état latent, il ne tarde pas à se manifester par une agitation analogue à celle dont nous commençons à sentir les secousses.

Le troisième empire simplifie d'abord la question économique par le massacre et le bannissement de nombreux travailleurs ; ses armements diminuent encore sur le marché du travail le nombre des concurrents ; ils augmentent la demande des bras par les entreprises concédées aux fournisseurs militaires.

La construction des principales lignes de chemins de fer contribue aussi à faire croire que l'empire est réellement un gouvernement réparateur.

Pendant la durée des immenses travaux occasionnés par l'application générale de la vapeur au transport et à la production, la masse reste sourde aux provocations d'une opposition conduite par des hommes habiles disposant de puissants moyens d'agitation. La politique la plus discrétionnaire soulève à peine quelques protestations passagères sans influence sur sa marche générale.

Les ouvriers inconscients de leurs droits, incapables de saisir les raisons théoriques du mouvement économique, acceptaient volontiers les prédications des agents impériaux, tendant à faire considérer l'abondance du travail comme résultant de la sollicitude impériale en faveur des classes pauvres.

Les rentiers auraient eu mauvaise grâce à bouder un gouvernement toujours disposé à renouveler les emprunts suivant l'épargne disponible.

Les entrepreneurs, les spéculateurs, pouvaient à peine suffire aux nombreuses affaires provoquées par le développement de la grande industrie, par la construction du principal réseau des chemins de fer, par l'achèvement des routes départementales et vicinales, etc., ils n'avaient pas le temps de s'attarder à l'examen de la politique.

Les propriétaires ruraux, possesseurs d'un sol fertile, reposé précédemment après chaque récolte par de longues jachères, se livraient à une culture intensive sans se préoccuper de réparer leurs domaines par des apports d'engrais proportionnels aux rendements; ils ne pouvaient satisfaire la demande des produits; pourquoi auraient-ils pensé à la politique?

La production ne cessait d'être activée par une demande toujours plus grande à mesure que se multipliaient les moyens de communication, routes, canaux, chemins de fer, lignes interocéaniques.

Les possesseurs de la richesse, dite publique, sous l'influence de cette prospérité nouvelle, éprouvaient des besoins de confort et de luxe, dont les agents venaient sur le marché du travail disputer les bras aux producteurs de denrées de première nécessité.

Ouvriers et commerçants mieux rémunérés qu'autrefois,

n'ayant pas à supporter de longs chômages, dépensaient quotidiennement la plus grande partie de leurs bénéfices.

Ainsi se résument les causes générales de la prospérité publique pendant la plus grande partie de l'empire : elles ne dérivaient point de l'ordre politique.

A cette période exceptionnelle d'activité succéda bientôt un présent, dans lequel il suffisait d'entretenir les grandes créations. On comprend que cet entretien exigeait un personnel moins nombreux que celui employé à la confection de ces travaux. On n'avait plus besoin des ouvriers qui avaient fait nos routes, nos grandes lignes, défriché nos terres incultes, décuplé notre vignoble, rebâti nos villes. Les chômages survinrent, les salaires atteints dans leur total firent diminuer la consommation ouvrière, par suite les occasions pour les négociants de faire des bénéfices, à un moment où le fait contraire pouvait seul éviter une crise.

Ouvriers, commerçants, industriels, spéculateurs, atteints par les chômages, paralysés par l'incertitude du marché commencèrent à demander à l'État une sécurité, qui ne dépendait pas de l'action du gouvernement dans une société autorisant l'appropriation individuelle de la matière et de l'instrument de travail.

Les politiciens préoccupés de leurs intérêts immédiats avaient habitué la masse, pendant la période de prospérité, à les considérer comme les auteurs de tant de bienfaits. Ils ne tardèrent pas à supporter les conséquences de leur mauvaise foi ou de leur ignorance.

Sous l'influence de l'agitation populaire on changea la politique autoritaire en une politique plus libérale ; la situation économique n'étant pas modifiée, les plaintes des gouvernés restèrent les mêmes ; on accentua alors la politique étrangère sans amener la reprise des affaires exigée par tous ; on se lança enfin dans la politique d'aventures, politique dont les résultats furent le choc franco-allemand, accompagné et suivi de destructions immenses, qui, heureusement pour la troisième république, mirent momentanément fin aux complications économiques.

Si ce dernier gauvernement eût pris le pouvoir dans des circonstances pacifiques, sous l'influence parlementaire, on eût entendu aussitôt des récriminations identiques à celles que soulève la présente crise économique, crise qu'il était si facile de prévoir. En effet les conséquences de l'invasion allemande et de l'insurrection communaliste n'avaient pas dépassé la destruction des résultats extrêmes d'un ordre social faux, lequel, sorti intact de ce bouleversement, devait fatalement reproduire en quelques années les mêmes complications.

La situation économique, en 1871, peut se résumer ainsi : L'épargne, refoulée dans les caisses particulières par la crise de la fin de l'empire, a trouvé un placement avantageux dans l'emprunt national. — La France a été un an sans produire. — Une grande partie des routes, des chemins de fer, a été bouleversée ou laissée longtemps sans entretien. — Nos places fortes sont démantelées. — De nombreux villages ont été détruits ou pillés. — Notre matériel de chemins de fer est devenu la proie du vainqueur. — Notre matériel de guerre n'existe plus. — Les arsenaux et les magasins militaires sont entièrement vides. — Nos villes assiégées, notamment Paris, ont épuisé leurs réserves de marchandises de toutes sortes. — Enfin le nombre des travailleurs disponibles a été diminué par la guerre étrangère et par la guerre civile de plus de 300,000 adultes.

En outre de toutes ces ruines à réparer, l'établissement de nouvelles fortifications, le commencement de l'exécution des travaux Freycinet, le luxe des particuliers, alimenté par les bénéfices réalisés dans les entreprises de travaux publics et par la hausse constante des valeurs de spéculation, et les nombreuses constructions élevées à Paris par des sociétés financières ont créé au début de la troisième République une ère de travail tout à fait comparable à celle ouverte par le progrès au commencement du régime impérial.

Avec les puissants moyens de production dont on a disposé, il n'a pas fallu plus de dix ans pour toucher à la période aiguë de l'ordre économique. Nous n'avons plus que l'entretien des grands travaux que nous venons d'énumérer ; les sociétés immobilières sont à la veille de la faillite ; les valeurs de spéculation ne peuvent plus hausser ; les entreprises sont nulles ; le luxe moyen, qui demandait des objets tirant leur valeur principalement du travail, luxe fortement atteint par le Krach financier suivi de la concentration des capitaux dans les mains de la grosse banque, laisse disponible la plupart des travailleurs qu'il entretenait ; notre industrie est menacée sans espoir de relèvement par la concurrence étrangère ; notre vignoble est à peu près détruit pàr le phylloxera, et l'on n'a pu trouver rien de mieux à dire, si ce n'est « C'est la faute à la politique ».

Puis voilà qu'on a l'air de vouloir changer de politique. On aura beau remplacer le libéralisme par l'autoritarisme, donner à notre diplomatie timide, non sans raison de l'être, une impulsion arrogante, les travailleurs sans ouvrage, les négociants sans bénéfices, ne continueront pas moins à crier c'est la faute à la politique, jusqu'à ce qu'on se résigne à préparer quelque grande catastrophe. Nos gouvernants ont trop fidèlement copié le passé, alors qu'ils avaient toute latitude de mieux faire, comment les croire capables de changer de conduite à l'heure où tout les pousse aux folies ?

Pourquoi ne pas envisager la situation ans toute sa brutale simplicité ? Des citoyens ont faim, et l'agronomie nous démontre que notre sol peut après quelques années de grands travaux, nourrir une population plusieurs fois plus nombreuse ; — des familles sont à peine logées, lorsque les matériaux de construction abondent, lorsque les ouvriers carriers, maçons, charpentiers, sont malheureux de ne point travailler — des hommes sont mal vêtus, et nos entrepôts regorgent de matières textiles, et les filatures et les tissages ont de nombreux métiers inoccupés, et des ouvriers tisseurs, fileurs, tailleurs, meurent des misères du chômage.

Tout cela parce que les ouvriers agriculteurs, maçons ou tailleurs, ne peuvent remuer le sol, manier la truelle, confectionner des vêtements, si les possesseurs de la matière première n'en sentent pas directement la nécessité, quels que soient d'ailleurs les besoins des travailleurs.

Le mal social n'a pas d'autres causes ; il n'y a pas d'autre remède que celui qui consiste à neutraliser d'abord, à supprimer
ensuite ces causes connues.

La situation n'est pas sans préoccuper vivement les esprits.
Chacun sent qu'elle ne peut se prolonger indéfiniment. Chaque
parti a une solution. La meilleure, nous le démontrerons, n'a
pas même la valeur d'un palliatif.

Prenez notre roi, disent les légitimistes.

Comptant peu sur l'empressement du peuple à répondre à
cette invite, ils organisent sérieusement les partisans décidés à
tenter un coup de main, dès que la crise économique aura
produit des troubles graves. Les chefs légitimistes sont braves,
audacieux ; quelques-uns sont riches ; le gouvernement leur a
reconnu le droit de conspirer en ne les inquiétant pas lorsque
la presse a dénoncé tous les détails du complot royaliste. Ils ne
s'en tiennent pas uniquement à l'organisation aristocratique
des bataillons de Charette ; ils ont formé une ligue populaire,
afin de recruter quelques adhérents parmi les travailleurs par
la propagande d'un socialisme de circonstance et par la fonda-
tion d'œuvres philanthropiques.

Les légitimistes ne sont pas à redouter par la bourgeoisie,
tant qu'ils conserveront leur attachement traditionnel à une
religion usée et à une royauté d'un autre âge.

Chassés de leurs châteaux, leurs biens volés et leurs titres
détruits, ils avaient reconquis, à la faveur de diverses restaura-
tions monarchiques, une situation prépondérante dans les hau-
tes fonctions publiques ; les ambassades, les dignités diploma-
tiques étaient encore, il y a quelques années, l'apanage presque
exclusif des débris de la noblesse.

Aujourd'hui, les légitimistes le savent très bien, le monopole
de la diplomatie leur est enlevé ; en même temps ils ne peuvent
lutter sur le terrain financier et commercial contre la coalition
de la bourgeoisie et de la juiverie. Il n'est donc pas étonnant
qu'ils se préparent à recourir à l'emploi des moyens extrêmes.

Si ces hommes avaient le sens pratique, ils n'hésiteraient pas
à se séparer d'un roi fossile et à déclarer que la religion est une

affaire privée ; puis reconnaissant la légitimité de leur dépossession au profit de la nation, ils se dresseraient en face de la bourgeoisie, lui demandant à elle de restituer au peuple la propriét é sociale volée, lors de la prétendue vente des biens nationaux.

L'aristocratie nobiliaire est proche de sa dernière heure ; il lui reste à peine assez d'instants pour choisir de quelle manière elle veut finir ; mais il sera bientôt trop tard pour éviter l'effondrement qui l'attend, si elle persiste à revendiquer des privilèges et des institutions en opposition avec les aspirations populaires. Combien sa fin serait plus glorieuse, si, comprenant que les classes ont fait leur temps, elle proclamait sa mission terminée, et se mettait résolûment du côté du peuple afin de porter le dernier coup à la dernière classe privilégiée, en lui imposant la propriété sociale, première condition d'une république sincère.

Les bonapartistes voudraient aussi faire notre bonheur. Leur prince favori a fait afficher un long manifeste, dans lequel il promet à chacun toutes les commodités.

Les anarchistes ne veulent plus de gouvernement, plus de lois, point d'organisation de la production. A les entendre, il suffit de détruire l'édifice bourgeois, et les choses prendront d'elles-mêmes, sans l'intervention d'aucun élément dirigeant, sans aucune institution définie, une stabilité donnant à tous un bonheur parfait.

En attendant, les anarchistes prônent la propagande par le fait.

Certes, nul ne trouvera condamnable le citoyen qui, privé de travail, mourant de faim en face de l'opulence, se précipite en désespéré contre une fraction quelconque d'une société responsable d'une pareille iniquité. Mais il y a folie à prétendre constituer dans le milieu français un parti politique destiné à généraliser une pareille tactique.

Ici nous nous adressons aux anarchistes convaincus, et nous leur demandons de prendre en sérieuse considération les preuves que nous leur donnons du danger de la propagande par le fait.

Ces moyens violents ont été surtout préconisés par deux journaux, *la Révolution sociale* à Paris et l'*Étendard révolutionnaire* à Lyon. Le journal parisien avait été fondé par un certain Spilleux, dénoncé plus tard comme policier. Valadier, l'écrivain le plus exalté, en apparence, de *l'Étendard*, était aussi un policier.

Ces deux faits prouvent surabondamment que cette tactique favorise les vues secrètes du gouvernement ; car celui-ci se garderait bien de payer des gens pour la faire prévaloir, si elle devait avoir des résultats contraires à ses intérêts.

MM. Lissagaray, directeur et propriétaire du journal *la Bataille*, et Crié, rédacteur au même journal, ont repris la politique de la *Révolution sociale* et de l'*Étendard révolutionnaire*.

Nous devons rappeler que le journal *la Bataille*, compromis dans ses intérêts matériels à la suite du départ des rédacteurs du parti ouvrier, n'a pu éviter de disparaître que par l'intervention d'un agent gambettiste qui procura les fonds nécessaires au maintien de cet organe.

Les anarchistes convaincus, parmi lesquels Louise Michel est la personnalité la plus remarquable, sont tellement frappés par les injustices et les misères inhérentes à l'ordre social présent, qu'ils n'hésitent pas à en souhaiter la destruction par tous les moyens, sans se préoccuper de savoir comment il sera remplacé ; ils sont persuadés que rien de pire ne peut sortir des cerveaux humains.

Nous ne prendrons pas la défense d'un ordre social condamnant les travailleurs au chômage, à la misère, à la mort de faim, lorsqu'ils ont produit une quantité de richesses dépassant les appétits capitalistes. Mais pourquoi détruire, si l'on n'a pas la certitude de pouvoir réédifier une société meilleure? Vaut-il la peine de s'épuiser en efforts surhumains, si l'on n'est pas convaincu de ne point tomber sous la dent de la misère en échappant aux griffes du capital?

On ne peut douter de la sincérité de ceux qui conforment leurs actes à leurs discours, et qui prennent la tête des manifestations qu'ils conseillent. Quant aux agents provocateurs faisant appel à l'émeute, dont ils vont suivre les dramatiques scènes du haut d'un balcon de restaurant, en compagnie de filles de joie, en face d'une table luxueusement garnie, ceux-là sont des misérables dignes de tous les mépris et capables de toutes les trahisons.

Les intransigeants n'ont pas de solution. Ne prétendant pas au pouvoir, ils surveillent. Malheur à ceux qui en prendront la responsabilité sans être en mesure de lui faire rendre ce que tout le monde attend. Ils n'indiqueront pas ce qu'il convient de faire, mais ils châtieront quiconque fera mal. Ils ont le tort de concentrer toutes leurs colères contre un gouvernement impuissant, au point de laisser passer inaperçues les fautes d'une opposition inepte.

Les radicaux ont trouvé leur chemin de Damas. Il faut réviser, et nous jouirons tous d'un parfait bonheur... assaisonné aux carottes clémencistes. Nous reviendrons sur cette prodigieuse conception.

Le parti ouvrier fait la nique au gouvernement et se moque des prétendants de gauche et de droite. Ceux-ci ne peuvent plus tenir une réunion, tenter une campagne d'agitation sans subir l'intervention des citoyens de ce parti, qui, loin de prendre position en faveur des uns ou des autres, se contentent de toucher à la question en discussion tout juste assez pour démontrer combien elle est vaine et combien sont plus solides les enseignements du socialisme.

Ce parti profite des occasions qu'il fait naître et de celles que lui offrent, bien malgré eux, ses adversaires de toute nuance pour répéter sans cesse aux travailleurs : que l'administration du pays revient à ceux qui produisent toute la richesse et non à ceux qui en ont accaparé les sources devenues dans leurs mains des moyens de domination et d'exploitation ; que l'émancipation humaine ne peut exister tant que la loi accordera à un homme le droit de faire des bénéfices sur le travail des autres ; que, lorsque la propriété de la matière et de l'instrument cessera d'être un motif de bénéfices, il ne se trouvera personne désireux de la conserver ; qu'il y a lieu de former un parti distinct poursuivant la constitution de la propriété sociale.

Ce jeune parti a toutes les audaces ; il nie la nécessité de la concurrence et la fatalité de la guerre. Les collectivistes expliquent que le combat pour la vie, entre les hommes, était inévitable aux époques où les moyens de production ne pouvaient suffire aux besoins humains, alors qu'une même somme d'efforts dirigée contre les possesseurs des richesses était plus productive aux vainqueurs que s'ils l'avaient appliquée contre les résistances naturelles ; mais ils soutiennent que cette période héroïque de l'humanité est close, qu'en maintenir plus longtemps les pratiques est une abominable chose légitimant toutes les révoltes.

Ces misérables sont persuadés que leurs femmes, leurs mères, leurs sœurs et leurs filles ne valent pas moins qu'eux-mêmes ; ils osent réclamer l'égalité devant la loi civile et politique pour tous les êtres sans distinction de sexe.

Ce parti pense encore qu'il ne dépend pas d'un gouvernement de pouvoir faire prévaloir spontanément les pratiques sociales vraiment fécondes. Ses hommes d'avant-garde savent qu'une période éducative préparatoire est nécessaire ; rien ne les arrête dans leur propagande.

Comme ils s'attendent à être entravés dans cet enseignement d'une saine sociologie, dès que le nombre de leurs prosélytes deviendra menaçant pour les conservateurs des abus capitalistes, ils n'hésitent pas à déclarer que, lorsqu'ils se sentiront suffisamment puissants, ils répondront par la force aux provocations de la force, soit qu'ils se reconnaissent capables de risquer la bataille avec leurs propres contingents, soit qu'ils aient la certitude, en pactisant avec un soulèvement des affamés, de pouvoir les diriger vers la conquête de la propriété sociale.

Cette ligne de conduite élaborée dans plusieurs congrès ouvriers est régulièrement suivie depuis quelques années.

Quelles que soient les provocations policières, il sera difficile

2

de faire dévier le parti ouvrier de sa tactique ; il n'oubliera jamais que les armées d'affamés sont trop sensibles à la fatigue et qu'elles peuvent être arrêtées par un morceau de pain, lorsqu'elles ne sont pas entièrement dominées par un élément convaincu, décidé à ne pas les laisser reposer avant d'atteindre le but.

L'abstention du parti ouvrier à la manifestation de l'Esplanade des Invalides a été présentée au public comme l'effet de l'intimidation produite par un gouvernement résolu à faire respecter la loi. En réalité cette abstention est une preuve de la solidité du parti ouvrier.

Un parti qui se fait illusion sur ses moyens d'action est condamné à une défaite certaine. Le parti ouvrier sait très bien qu'il est encore loin de réunir les éléments indispensables à une intervention victorieuse. Son influence devient néanmoins chaque jour plus grande. Les groupes, qui l'ont combattu, sont contraints de tenir compte de sa propagande et d'accepter un à un les divers articles de son programme.

Il est évident que les hommes au pouvoir, eux surtout, doivent paraître prêts à faire face aux difficultés de la situation.

M. Clémenceau n'a su découvrir qu'un expédient, le sanspareil d'après M. Pelletan. Nos Richelieu ont des solutions par douzaine : arrestations des agitateurs ; un projet de loi sur l'affichage, contre l'affichage ; un projet de loi de logements à bon marché ; uu projet de loi sur les accidents ; un projet de loi sur les sociétés mutuelles de secours ; un projet de caisses des retraites ; un projet de loi sur les récidivistes ; un projet de colonisation devant procurer des débouchés ; un projet de rachat des chemins de fer, etc., etc., et l'intention de rester le plus longtemps possible à la queue de la poêle.

Le ministère est pavé de projets, de mauvais. Leur ensemble présente un caractère particulier. Les auteurs, vraies gigognes ministérielles, ne pouvaient mettre tout le mal au compte de la politique ; ils en sont les directeurs. On ne recule plus au pôle gouvernemental devant un socialisme mitigé à l'usage spécial des gros faiseurs de la finance ; on affecte des allures économiques et l'on ne sort pas des tripotages financiers.

C'est là faute à la politique, s'acharnent à écrire tous les journalistes en des termes peu courtois; on ose afficher des choses désagréables; vite une petite loi pour museler la presse. On l'empêchera peut-être d'aboyer, mais elle n'en mordra que mieux. Quant aux afficheurs, ils seront condamnés à digérer leur colle, à moins qu'ils ne se spécialisent à placarder des épopées célébrant les hauts faits de Ferry-Famine. Les résultats économiques seront les suivants : les imprimeurs, les afficheurs, les fabricants de papier, auront quelques occasions de plus de ne pouvoir gagner leur pain.

Les arrestations ne seront pas marchandées, la preuve est faite. Gare au citoyen coupable du délit d'avoir laissé écrire quelque part son nom précédé ou suivi de la date en chiffres romains de sa naissance ou de son tirage au sort. Le cas d'avoir écrit la note de sa blanchisseuse au moyen d'abréviations ou de signes incompris d'un policier subalterne peut exposer un père de famille à être incarcéré à Mazas, après plusieurs jours de secret; sans compter que pareil accident expose presque toujours au renvoi de l'atelier ou du comptoir l'homme coupable de ne pas mieux surveiller l'usage qu'on peut faire de son nom. Encore un résultat économique qui se traduit ordinairement par plusieurs jours de jeûne dans la famille du criminel. Toujours Ferry-Famine.

C'est la misère qu'il faut arrêter et non ceux qu'elle poursuit.

Un bon billet, les logements à bon marché.

La municipalité parisienne, saisie de la question, a obtenu l'approbation par le gouvernement d'un projet de contrat avec le Crédit foncier, lequel fera, à des conditions prétendues exceptionnelles, une avance de 20 000 000 aux constructeurs de maisons ouvrières. La ville garantira le remboursement. M. Alphand, le bon M. Alphand, a été le négociateur de cette combinaison.

Il est certain que le Crédit foncier, en présence d'une affaire aussi importante, a fait les conditions les plus avantageuses, en se réservant un bénéfice commercial convenable. On ne procède jamais différemment dans le commerce, les grosses affaires se traitent toujours à des taux moins élevés que les ventes partielles. Le conseil d'administration du Crédit foncier ne se sera pas exposé à s'entendre reprocher à la prochaine assemblée générale des actionnaires d'avoir dépensé à des œuvres sentimentales les fonds qu'on lui avait confiés pour en retirer de gros dividendes. Le Crédit foncier fera une excellente affaire.

Si la Ville de Paris veut faire construire des logements, pourquoi ne fait-elle pas elle-même une affaire aussi avantageuse à la société intermédiaire ?

Le crédit de la ville n'est pas inférieur à celui du Crédit foncier. Pourquoi ne pas s'adresser elle-même directement à l'épargne? Pourquoi la rendre tributaire des princes de la Finance ?

Financièrement on ne donnera aucune réponse satisfaisante.

Politiquement le coup est bien monté.

Cette entreprise, restant sous le patronage d'un groupe politique, soulevait les critiques des groupes ennemis. Ces débats contradictoires auraient peut-être théoriquement convaincu la masse de la juste valeur de cette mesure; les dirigeants auraient ainsi perdu le bénéfice de leurrer le peuple le plus longtemps possible, jusqu'à ce qu'il eût compris la vérité, à la longue, après une lente démonstration expérimentale. L'affaire étant passée aux mains de la finance, l'accord de toutes les nuances politiques est certain par une communion générale, sous la forme d'espèces sonnantes, avec la caisse de la société favorisée. Chacun sait ou devrait savoir que les sociétés financières ont résolu le problème de l'unanimité de la presse, lorsqu'il s'agit de grosses affaires. Elles ont des procédés opposés à ceux de M. Ferry; elles gorgent ceux dont elles ont besoin.

Les logements à bon marché n'amélioreront pas sensiblement la situation des travailleurs.

Cette intervention des pouvoirs a cependant été réclamée par le parti ouvrier. L'auteur de cette brochure a été un des premiers, sinon le premier, il y a bientôt deux ans, à la prendre cette question comme prétexte d'agitation. Messieurs les ministres, lorsqu'ils s'empareront d'une revendication du parti ouvrier, feront bien à l'avenir de s'enquérir dans quelles conditions ce parti a mis la question à l'ordre du jour de l'opinion publique.

En face d'un peuple bourré d'idées fausses, croyant sous l'influence des prédications des politiciens à la possibilité des améliorations progressives, *séparées d'une solution préalable de la question sociale*, les propagandistes du parti ouvrier ont pris à cœur de faire une démonstration de fait.

Ah ! vous êtes convaincus, malgré nos déductions théoriques de la loi des salaires, ont-ils dit à la majorité des électeurs ouvriers, que la diminution des loyers peut améliorer votre situation, qu'elle ne sera pas suivie d'une diminution proportionnelle du prix de la journée, ou bien d'une augmentation équivalente du prix des autres denrées. Eh bien, nous, représentants du parti ouvrier, nous qui sommes certains de l'inefficacité de cette mesure, nous allons faire campagne pour la faire prévaloir ; les classes dirigeantes la refuseront le plus longtemps possible ; lorsqu'elles seront sérieusement mises en demeure d'agir en ce sens, elles feront quelque tripotage financier, et en définitive votre situation ne sera pas changée.

Les logements à bon marché n'avaient une valeur réelle auprès des socialistes, que s'ils avaient été construits par la ville. Ce fait pouvait avoir une grande influence sur les cerveaux ouvriers en démontrant que l'exploitation du logement par la ville ne rencontrait aucune difficulté matérielle; frappés par cette réalisation partielle, les travailleurs n'auraient pas tardé à comprendre les avantages de l'idée générale.

Nos deux premières affirmations sont aujourd'hui justifiées par le fait; la troisième le sera bientôt.

La baisse des loyers ouvriers, surtout coïncidant avec la diminution du prix d'un autre facteur de la production, de la force motrice devenue meilleur marché par la révision du tarif de la Compagnie du gaz, va attirer à Paris un concours exceptionnel de producteurs, qui, par une concurrence, *que rien ne limite*, auront bientôt neutralisé les effets de ces prétendues améliorations partielles.

Qu'on nous permette une hypothèse, hypothèse bien méchante, qui ne se réalisera certainement pas à Paris, sous une municipalité radicale, sous une administration si intègre, si habilement conduite par M. Alphand, caractère dont les capacités (prière au typo de ne pas écrire ra) ont été admirablement constatées sous l'empire.

Supposons donc qu'il se soit formé un syndicat de constructeurs de logements dits à bon marché; que ce syndicat ait proposé aux propriétaires de payer 50 francs le mètre carré de terrain ayant une valeur actuelle de 40 francs, sous réserve expresse qu'au passement de l'acte on porterait les prix d'achat à 150 fr. le mètre. Si, avec des contrats ainsi majorés, on pouvait obtenir 75 0/0 d'avances du Crédit foncier, le syndicat ferait une riche opération financière, puisqu'il recevrait 75 0/0 de 150 francs, soit 102 fr. 50, alors qu'il n'aurait déboursé que 50 francs ; on pourrait encore augmenter les profits en faisant une majoration analogue sur le prix des matériaux et de la main-d'œuvre; le remboursement étant garanti par la ville, le Crédit foncier n'aurait aucun intérêt à vérifier les évaluations. On sait, lorsqu'on connaît les scrupules des propriétaires français, la délicatesse de nos entrepreneurs, le désintéressement de M. Alphand, l'incorruptibilité de tous nos fonctionnaires, que pareille chose ne pourra se faire. Mais, si par hasard, si exceptionnellement il se trouvait dans la parenté de M. Alphand ou dans ses relations un seul individu capable d'un pareil coup, deux ou trois conseillers dans la municipalité parisienne qui ne fussent pas mieux inspirés, quelle responsabilité morale pour les auteurs de cette combinaison !

Le parti ouvrier a intérêt à pousser l'expérience jusqu'à sa dernière limite. Afin de ne pas se compromettre il doit plus que jamais maintenir et répéter les réserves qu'il a faites au début de son entrée en campagne. Après justification par les faits de ses prévisions, il aura le droit de solliciter en faveur de ses théories la confiance qu'on lui a refusée au début, et le devoir, si on ne la lui accorde pas, de répéter semblable expérimentation sur les autres questions que les politiciens ne manqueront pas de soulever pour faire oublier les déceptions de la veille.

Lorsque la clarté se fera dans l'esprit du peuple, elle sera d'autant plus durable que l'on aura procédé avec plus de ménagements sans pousser cependant jamais ces ménagements jusqu'à laisser croire un seul instant qu'une amélioration partielle peut avoir quelque efficacité immédiate, *sans avoir été précédée de la solution de la question sociale.*

Le projet de loi sur les accidents dénote bien l'illogisme des hommes politiques qui s'attachent à donner de l'importance à des cas exceptionnels avant d'avoir une règle visant les faits généraux, tels que les chômages forcés, les maladies et bien d'autres situations ouvrières plus désastreuses que les accidents prévus par le projet ministériel.

Une loi sur les sociétés de secours mutuels n'aura pas un caractère social, s'il n'est démontré que la généralité des travailleurs est certaine de pouvoir en toutes circonstances faire face aux dépenses imposées à chaque sociétaire.

La constitution des caisses de retraites n'aura pas d'effets pratiques avant 25 ans; c'est une bien longue échéance en présence d'une crise ouverte. La question intéresse médiocrement ceux qui succombent chaque jour sous les étreintes des difficultés présentes.

La participation aux bénéfices nous suggère bien des objections, nous n'en produirons qu'une.

L'auteur du rapport sur cette question, soit à la Chambre, soit au Sénat, nous obligera s'il veut établir dans son exposé des motifs quels avantages en auraient retirés les employés des compagnies des Galions de Vigo, de l'Union générale, de la Banque européenne, des compagnies immobilières de récente formation et de diverses autres sociétés comptant parmi leurs administrateurs des députés, des sénateurs et autres personnages non moins honorables.

Même problème pour les sociétés suivantes, fondées par le Crédit général français, dont les valeurs sont cotées comme suit, d'après un journal financier daté du 30 mars 1883.

Prix d'émission.	Sociétés.	Cote.
500 fr.	Actions forges Alfortville......	invendables.
500	Actions Jemmapes Auvelais...	id.
500	Actions charbonnages Rhénans	id.
430	Obligations d'Haïti...........	130
500	Bourges à Gien..............	invendables.

320	Obligations Villaguttierez.....	3
205	Charbonnages Rhénans.......	invendables.
510	Actions Villaguttierez........	id.
242	Obligations Bourges à Gien...	90
500	Actions marché aux chevaux...	invendables.
500	Actions Alais au Rhône.......	95
409	Soleil grêle................	55
350	Actions Secours............	22-50
650	Plâtrière, Paris.............	185
475	Etablissements de Biarritz...	invendables.
650	Plâtrières du bassin de Paris.	185
750	Grands moulins de Corbeil...	325
510	Cie de navigation Haure à Paris, etc., etc.............	165

Une grande partie de l'opposition républicaine partage sur cette question l'opinion du ministère.

M. Clémenceau votera la participation aux bénéfices sans oser dire quels avantages en retireront les employés à la Société anonyme du journal *La Justice !*

Si l'on rendait auparavant les bénéfices obligatoires, et laïques bien entendu ? qu'en pensez-vous, messieurs les participants, aux apports fictifs des sociétés financières?

Le ministère de la marine, consulté sur les frais de la transportation des récidivistes aux îles Marquises, Gambier et Loyalty, a répondu que la dépense s'élèverait à 3.300.000 francs pour 2000 transportés, soit à 1.650 francs par chaque récidiviste.

Quand donc ouvrira-t-on un égal crédit en faveur de chaque père de famille laborieux n'ayant jamais eu la faveur de subir deux fois les flétrissures d'un tribunal ?

Notre société est vraiment admirable ! Les enfants aveugles, bossus, tordus, tous les rebuts humains ont toutes sortes d'institutions protectrices fonctionnant aux frais de la société, tandis que le travailleur valide paie bien cher son honorabilité et son droit d'être utile à la société en lui laissant de nombreux et robustes remplaçants.

Enfin, quoi qu'on puisse alléguer, le récidiviste en s'y prenant à temps, obtiendra du gouvernement une dispense du service militaire; il aura droit au transport gratuit dans un autre continent ; pendant la traversée, la nourriture, sans être excellente, sera hygiénique ; des fonctionnaires surveilleront la régularité des distributions ; les soins médicaux et pharmaceutiques seront gratuitement à la disposition de chacun; dès que les récidivistes seront débarqués dans leur nouvelle patrie, ils recevront du gouvernement de la matière première et des outils qu'ils pourront mettre en œuvre sous la protection de détachements militaires, ayant mission de les protéger, eux et leurs propriétés, contre les attaques des indigènes ; des services publics convenablement organisés procureront à chacun d'eux des denrées alimentaires, les semences, et les moyens d'échange. Le récidiviste doué de quelque habileté et de la moindre énergie, éloigné de toute occasion de persévérer dans ses mauvaises habitudes, pourra se régénérer, vivre dans l'aisance, épargner, devenir propriétaire ou commerçant, donner à ses enfants une instruction convenable.

Le droit au travail, à la matière première, sera désormais acquis à tous les récidivistes.

On promet aussi d'ouvrir de nouveaux débouchés. Ce projet a les sympathies de M. L. Say. Les entreprises de colonisation faites sous le patronage du gouvernement sont toujours accompagnées de concessions de monopoles divers. On comprend qu'elles fassent partie du programme des grands financiers.

Nous connaissons de plus sérieux débouchés que ceux que l'on va chercher au Congo ou au Tonkin, au prix d'expéditions onéreuses, grosses de complications politiques. Point n'est besoin de société de géographie ni d'explorateurs pour en sonder l'immense puissance d'absorption.

Si M. Say et ses amis les ministres, à la recherche des nouveaux débouchés, voulaient s'arrêter un matin aux abords de l'usine de M. Say, un raffineur, ils verraient défiler des milliers d'ouvriers à peine chaussés, mal vêtus, mal coiffés, portant un petit paquet de provisions malsaines, insuffisantes à réconforter hygiéniquement des hommes soumis à un rude labeur. Et le soir, s'ils suivaient ces mêmes citoyens, ils les verraient, à l'heure du repas, harassés, assis sur une chaise dépaillée auprès d'une table boiteuse qui supporte une mauvaise soupe et un pain de qualité inférieure, en face d'une femme hâve, déguenillée, au milieu d'enfants à peine vêtus essuyant avec quelque loque les larmes de la misère et de la faim.

Comme tous ces êtres consommeraient chaussures, vêtements, chapeaux, linge propre, viandes et légumes ; mais il faudrait faire l'opposé de ce que l'on fait ; il faudrait empêcher de chercher des débouchés extérieurs lorsque la consommation intérieure de la marchandise destinée à être exportée sauverait du mal de misère ceux qui l'ont produite.

Le rachat des chemins de fer, présenté comme un moyen d'atténuer la crise, restera la plus audacieuse manœuvre financière de notre époque. La finance, en cette occasion, comme dans la question des logements à bon marché, saura faire l'unanimité de la presse. Déjà le journal *La Justice* marche à l'unisson avec la série opportuniste.

Voici la situation :

Les commerçants sont convaincus que l'abaissement du prix des transports facilitera le mouvement commercial, soit les occasions pour eux de faire des bénéfices. Ils savent que le gouvernement a le droit de réviser les tarifs des compagnies de chemins de fer. Si le gouvernement continue à refuser cette révision, les commerçants l'accuseront de faire de la mauvaise politique. S'il accorde cette faveur aux tributaires apparents des compagnies de chemins de fer, il rendra furieux les actionnaires qui ne lui pardonneront pas la diminution des dividendes et la baisse proportionnelle de leurs titres. Alors les gouvernants, pour concilier les intérêts de ces deux castes capitalistes, rachèteront les lignes de chemins de fer au cours du jour, que la spéculation saura pousser au maximum possible. Les actionnaires seront enchantés. Ensuite on fera la révision des tarifs suivant les désidérata des commerçants ; ceux-ci se joindront alors aux chœurs des anciens propriétaires des chemins de fer pour chanter les louanges d'un gouvernement aussi soucieux des droits acquis. Si le peuple, qui paie en définitive, n'est pas content, il n'aura qu'à le dire dans des locaux clos et couverts ; s'il se permettait des réflexions sur la voie publique, on ne manquerait pas de soumettre le cas aux consultations des Galliffet.

Le rachat des chemins de fer opéré dans ces conditions peut avoir de graves conséquences au point de vue du crédit public, surtout à la veille de l'application de l'électricité à la traction, progrès qui peut entraîner la transformation générale du matériel.

Le rachat est cependant une chose urgente, mais avant de le tenter, l'État doit user de son droit d'abaisser progressivement les tarifs, jusqu'à ce que la valeur des actions soit ramenée au cours de l'émission. Alors le rachat constituera une opération financière avouable.

Mais on ne procèdera pas ainsi, parce que le gouvernement et la presse, sans distinction de nuances, sont au service de la bancocratie internationale, cause de tous les maux que l'ignorance populaire attribue à la mauvaise direction politique.

Les difficultés resteront les mêmes, soit que l'on adopte, soit que l'on rejette ces projets.

Elles proviennent d'une série de faits qui trouvent leur explication dans les déductions logiquement tirées de cette formule résumant exactement les conditions de notre situation sociale : les politiciens règnent, et les financiers gouvernent despotiquement.

Au peuple, s'il veut sortir de ce gâchis de faire justice des politiciens et des banquiers. On eût dit à une autre époque qu'il fallait pendre le dernier des politiciens avec le boyau du dernier banquier.

La loi qui ne nous défend pas de penser ainsi intérieurement, nous interdit absolument de rien conseiller de semblable. Comme nous n'avons nulle envie de nous entendre condamner à plusieurs mois de prison, en expiation d'avoir excité des citoyens si charitables à la haine les uns des autres, nous déclarons formellement que se conduire selon la vieille formule serait chose abominable.

Le croira qui voudra.

LA RÉVISION

Les travailleurs en chômage, aigris par les privations quotidiennes, sous le coup d'un avenir s'annonçant encore plus sombre que le présent, poussés par les partis réactionnaires à rendre la République responsable de tant de misère, demandaient aux républicains ayant conservé un peu de prestige auprès de la masse d'intervenir énergiquement en faveur d'une cause si juste.

Question profonde, digne des méditations des hommes publics, et bien embarrassante pour des gens qui ne l'avaient pas prévue.

Mais radicalisme oblige. L'oracle de Montmartre a répondu sans barguigner liberté... égalité... fraternité... suffrage universel... peuple souverain. Révision !

Les jeunes mirlitons de je ne sais quelle gauche — il y en a tant — ont pris le la du chef, et sont allés à travers le monde répétant sur tous les tons : Révisons, révisons ! Le bon populo gris de la piquette Clémenciste redira la chanson, jusqu'à ce que, las de ne pas voir tomber les cailles promises de la révision, il vienne à préférer les refrains de la *Carmagnole*.

Le projet de révision est cependant le dernier mot d'une politique supérieure. Il n'était pas possible, et il reste toujours impossible de trouver mieux. C'est M. Pelletan, le bras droit de la gauche Clémenciste, qui le proclame. Le 8 avril, plusieurs semaines après cette découverte, M. Pelletan commençait ainsi un premier Paris publié dans le journal *la Justice* :

« Bons opportunistes, qui prétendez entraver la ligue pour la révision, tous les matins depuis trois semaines, tâchez de trouver quelque « chose de mieux. »

Ce qui horripile M. Pelletan, ce n'est pas qu'on cherche mieux, il s'en moque ; il sait qu'on ne trouvera pas. Mais avoir une pareille prétention, tous les matins, à jeun, pendant trois semaines, dénote chez les opportunistes une obstruction cérébrale que M. Pelletan n'avait pas encore soupçonnée. Une découverte de plus.

Ce projet de révision est néanmoins pris au sérieux sinon par tous ses parrains au moins par M. Pelletan, et surtout par la majorité de ce parti radical, si honnête dans ses aspirations, si loyal dans ses procédés, mais naïf au point de ne jamais comprendre les manœuvres de ceux qui abusent de sa crédulité.

La révision de la constitution préoccupe l'opinion publique. Des hommes en évidence, aidés par des personnalités impatientes de s'élever, ont trop risqué en agitant cette question, pour qu'elle ne reste pas à l'ordre du jour, jusqu'à ce qu'ils aient imposé une solution susceptible de les satisfaire.

Cette initiative a été suivie d'une scission entre les groupes républicains. Pourquoi les socialistes ne se placeraient-ils pas, jouant des coudes, entre ces partis bourgeois, comme on met le coin dans la fente d'un morceau de bois que l'on veut partager ? La bourgeoisie, pendant son évolution sous la monarchie de droit divin, n'a pas opéré autrement afin de préparer son émancipation. On la voit alors constamment se glisser entre la royauté, la féodalité et le clergé, chaque fois que les intérêts particuliers de ces castes privilégiées parviennent à les diviser, jusqu'à ce qu'elle soit assez engagée pour faire éclater tout le système par une dernière poussée.

Révisons puisque les radicaux le veulent, mais autrement qu'ils le veulent.

La question de la révision a été soulevée en 1881 par M. Barodet. Nous ne savons au juste qui lui a soufflé cette idée, mais personne ne doute que M. Clémenceau s'apprête à en tirer le meilleur parti. C'est donc dans le discours de M. Clémenceau, dans les actes et les paroles de ceux qui prennent le mot d'ordre au journal *la Justice*, que l'on doit chercher le fond de cette grande pensée.

La révision, d'après le dépouillement des professions de foi électorales, a été votée par trois cent onze collèges électoraux républicains. Le pays s'est donc prononcé affirmativement. Au reste les républicains qui combattent le projet de la ligue ne l'attaquent pas dans son principe, ils en critiquent seulement l'opportunité ; et, comme ces mêmes hommes n'ont jamais employé d'autre argument pour écarter systématiquement toute proposition progressiste, leur campagne de résistance échouera devant la méfiance générale.

Nos critiques s'inspirent d'un autre ordre d'idées. Le projet de la ligue est vague, insuffisant ; les résultats de l'agitation révisionniste, si on ne sort des limites fixées par les initiateurs, ne répondront pas à l'attente des radicaux. Il est à craindre que les déceptions du lendemain ne conduisent à l'indifférence les plus solides défenseurs de la République politique, désireux en réalité d'éprouver tous les bienfaits de la République économique mais n'ayant aucune conception de ses conditions véritables.

Même au point de vue politique, nous n'avons à rétracter aucune des critiques précédentes. M. Clémenceau n'est pas sans avoir prévu de semblables reproches. Voici comment il les formule dans son discours à la Chambre, publié en brochure, page 11 (1) :

« Vous êtes, nous dit-on, trois cent quinze républicains qui voulez réviser la constitution, c'est bientôt dit.

Mais vous ne voulez pas tous la même révision ; les uns réclament la suppression du Sénat ; d'autres veulent sa modification ; ceux-ci demandent une réforme profonde ; ceux-là une réforme plus ou moins atténuée ; commencez par vous mettre d'accord, sinon retournez devant

---

« (1) Nous citerons fréquemment des extraits du discours de M. Clémenceau. Nous engageons nos lecteurs à lire la brochure contenant le discours-programme. On peut se le procurer en envoyant 30 centimes au secrétariat de la Ligue révisionniste, 3, rue Cadet. On pourra ainsi contrôler nos critiques. Nous les résumons en ees quelques mots : Le discours de M. Clémenceau sur la révision est très éloquent ; mais il ne précise rien ; s'il reproduit toute la pensée de M. Clémenceau, ce dernier est à plaindre ; s'il n'en contient qu'une partie, ceux qu'il veut convaincre feront bien de se méfier.

le suffrage universel, qui prononcera sur le caractère, sur la nature de cette révision, alors seulement nous pourrons agir.

M. Clémenceau reconnaît le bien-fondé de cette objection. Nous lisons page 8 :

Quand nous avons commencé notre campagne de révision, nous n'étions pas quatre-vingts, nous n'étions que quelques-uns, clairsemés, qui prévoyions l'avenir ! Et le pays nous a donné raison, et nous sommes ici, aujourd'hui, de par la volonté du pays, plus de trois cents républicains révisionnistes. *Nous ne sommes encore que quatre-vingt-dix partisans de la suppression du Sénat.*

Voici comment il répond :

Je réponds d'abord qu'il n'y a pas eu dans le monde, à aucun moment, ni en Amérique, ni en France en 1789, une Constituante qui se soit trouvée dans les conditions qu'on réclame, et cela par la raison bien simple que si *l'on attendait que le peuple se prononçât lui-même sur les détails de la révision*, s'il devenait assez ardent, assez résolu pour en arriver là, il n'attendrait la bonne volonté de personne : il ferait sa révision lui-même et le gouvernement serait balayé.

En Amérique les constitutions ont été élaborées dans des milieux où la question économique n'avait pas encore produit les complications constatées dans nos vieilles sociétés continuellement tourmentées par le mal de misère. Les questions soulevées étaient purement d'ordre politique, il n'y avait aucun inconvénient à les soumettre à la bonne foi d'hommes compétents, remarquables par leur honnêteté politique et privée. On n'y aurait pas rencontré d'hommes habitués à vivre et à briller au moyen de majorations financières.

En France, en 1789, la Constituante avait été précédée par l'élaboration des cahiers rédigés au milieu des électeurs et par les électeurs eux-mêmes. On ne poussera pas la plaisanterie, nous l'espérons, jusqu'à prétendre que les professions de foi électorales, jetées à la dernière heure, par un candidat d'accord avec quelques courtiers électoraux intéressés à son triomphe, dans un milieu travaillé par une presse vénale, ont quelque ressemblance avec les cahiers de 89. Nous ne sommes pas maintenant au lendemain de la convocation des Etats généraux, nous sommes dans une période préparatoire comparable à celle qui précéda la nomination des délégués à cette mémorable assemblée.

Les initiateurs du mouvement de 89 n'hésitaient pas, dans le midi principalement, à convoquer les électeurs en dehors de toute légalité, malgré les représentants de la royauté, tandis que les enfants terribles du radicalisme n'ont jamais osé pousser les conseillers généraux à des manifestations bien timides, au contraire.

Laissez dormir les grands morts de la bourgeoisie, ne les insultez pas par des comparaisons humiliantes.

Nous comprenons qu'on ne veuille pas attendre que le peuple se soit prononcé sur les détails de la révision, si l'on entend dire que l'on ne veut pas rester indifférent ; mais nous sommes persuadés que le peuple a besoin d'acquérir cette capacité, et que ceux qui sollicitent cette consultation sont bien imprudents de la vouloir avant d'être certain que le peuple ne se trompera pas : car, s'il y a erreur, même erreur populaire, ils devraient savoir que la responsabilité leur reviendra tout entière. L'exemple de 1848 restera donc éternellement incompris ! Il n'y a qu'une chose que puissent faire impunément les gouvernements autoritaires sans la consultation des intéressés, c'est la mise en pratique d'institutions ou d'expédients donnant des résultats matériels immédiatement avantageux pour tous, ou bien favorables à une majorité assez puissante pour dominer les minorités mécontentes.

M. Clémenceau poursuit ainsi son discours, page 12 :

Voilà ma première réponse. J'en ai une autre à faire.

Je réponds à mes contradicteurs que nous sommes d'accord sur l'idée, sur le principe directeur de la révision ; je prétends que nous, les trois cent quinze, nous voulons la même chose, la même réforme. Nous la voulons à des degrés divers, mais nous la voulons par les mêmes raisons de politique. Nous sommes d'accord pour instituer la suprématie du suffrage universel, pour détruire l'organisation qui l'opprime. Voilà le principe de notre révision. (*Très bien ! très bien ! à l'extrême gauche.*)

Par conséquent, l'union est possible entre nous. Sur le meilleur mode d'émancipation, sur sa mesure même, les divergences pourront se produire, *ce sera l'affaire de l'Assemblée chargée de constituer ;* mais la révision se fera fatalement dans le sens que je viens d'indiquer.

Cette organisation, qui opprime le suffrage universel, doit

être définie dans l'esprit de **M.** Clémenceau, elle doit se tra-duire par des formules qu'il a le tort de ne point dire. La su-prématie du suffrage universel a également des conditions dé-terminées. Pourquoi ne pas les faire connaître ?

Mais le jour où l'on aura la Constituante tant désirée, il est fort à craindre que les constituants les plus influents n'u-sent selon leurs intérêts personnels de la latitude sur la mesure qu'ils cherchent à se réserver.

L'assemblée chargée de constituer vaudra-t-elle mieux que la plupart de celles que nous avons subies depuis bientôt un siècle?

Au lieu de ce groupement de révisionnistes de toutes nuances, réci-proquement engagés à taire leurs préférences, n'aurait-il pas mieux valu constituer une ligue fédérant ces mêmes éléments, mais groupés chacun suivant leurs aspirations, avec la volonté de dé-finir clairement leurs conclusions et de les motiver par les argu-ments les plus favorables? Le bureau de la Ligue, ainsi comprise, n'aurait eu d'autre mission que celle d'enregistrer toutes les opinions et de les faire parvenir, indistinctement, sans pression en faveur d'aucune, à tous les correspondants de la ligue, individus ou sociétés.

On a procédé différemment parce que l'on se souciait fort peu d'éclairer le suffrage universel, quelles que soient les déclara-tions contraires.

Cette révision doit cependant avoir de bien grands résultats. Continuons les citations, page 15 :

« Faire la révision sans délai, parce que c'est la plus sûre manière d'empêcher la Révolution. »

Oui, si par la révision vous nous débarrassez de la crise éco-nomique. Mais vous le savez fort bien, pour faire une révision efficace, il faudrait employer tous les moyens et commencer sans délai l'éducation du suffrage universel, ce qui exigerait plus de temps que n'en veulent accorder vos impatiences.

Page 28 :

C'est la révision, c'est l'établissement d'une Constitution républi-caine, d'un régime républicain, qui peut seulement vous donner cette stabilité que vous n'avez cessé de poursuivre et que vous n'avez ja-mais pu atteindre.

Page 29 :

C'est parce que je veux rendre la stabilité possible que je demande la révision.

Tous les révisionnistes n'ont jamais parlé différemment, et tous n'ont jamais laissé aux peuples que la stabilité qu'ils n'ont pu accaparer pour eux seuls.

Page 47 :

Messieurs, n'avais-je pas raison de dire que c'est au nom de tous les intérêts qui sont attachés au succès du régime républicain, que je demande un vote de révision qui s'en remette à la souveraineté populaire elle-même de résoudre librement les questions d'ordre politique et social, dont l'ajournement indéfini a livré la nation à tous les hasards des révolutions et des réactions. La révision de la Constitution ne peut pas être ajournée plus longtemps.

La décision que vous allez prendre sera capitale dans l'histoire de la République... (*Mouvement.*)

Page 48 :

La nation a le droit d'établir souverainement, par l'organe de ses mandataires, suivant des formes de liberté et de justice, un régime politique économique et social conforme à ses aspirations, conforme à son génie. Il nous faut instituer l'ordre démocratique, qui seul peut désormais nous faire vivre, prospérer et triompher des épreuves qui nous attendent. (*Très bien! très bien! à gauche.*)

L'ordre dans la démocratie repose sur la souveraineté de la nation.

Tout cela est bien beau, mais ce n'est pas plus précis que le reste, et surtout point nouveau. Gambetta a répété bien souvent le refrain. Le sinistre polisson, qui fut Napoléon III, avait eu la pudeur de dire la chose en latin : *Vox populi, vox dei.*

C'est surtout la souveraineté nationale que veut émanciper M. Clémenceau. M. Clémenceau devrait savoir que le plus grand despote du peuple est l'ignorance ; et il procède comme si le peuple était conscient de lui-même, comme s'il ne s'agissait que de le délivrer d'une main puissante qui l'opprime. Il faut éduquer le suffrage universel ; les phrases creuses des révisionnistes n'avanceront pas beaucoup l'heure de son émancipation.

Tout le monde est de l'avis de M. Clémenceau lorsqu'il dit, page 31 :

Et cependant, si nous réussissions à donner à la démocratie la possibilité de se gouverner au moyen d'une Constitution fondée sur le libre et complet exercice de la souveraineté nationale, nous aurions pour jamais mis le pays à l'abri des révolutions....

Mais pour cela il faut se hâter sans délai de faire savoir quelles sont les conditions d'une constitution fondée sur le libre et complet exercice de la souveraineté nationale. Pourquoi ne pas en dire un mot dans un discours de 48 pages?

En revanche nous en trouvons un mot, rien qu'un, page 27,

oh ! pas bien long, il faut presque le chercher sous les fleurs de rhétorique du discours en faveur de la révision, qui ne paraît à bien des gens qu'un bouquet fait pour cacher un timide aveu.

Et tout à l'heure, dans une interruption, M. le président du Conseil nous reprochait le sort des ministères qui ont succombé sous le poids de leurs propres fautes. *Eh bien, oui, la question ministérielle est posée;* mais — je vous le dis avec une franchise dont vous ne douterez pas, je l'espère — pour nous, la question ministérielle ne vient qu'en seconde ligne; nous n'y attachons pas l'importance que vous pensez.

Le mot est court, mais il a une odeur clémenciste.

La franchise de M. Clémenceau, puisqu'il en parle lui-même, n'est point telle que toutes ses paroles puissent se passer de commentaires.

Voici ce que nous cueillons dans son discours sur la révision, page 43 :

Ecoutez-moi. Je suis allé dans les réunions publiques. (*Rumeurs au centre.*)

M. Clémenceau. — J'ai vu en face de moi des hommes qui prêchaient la violence, je les ai répudiés, je les ai blâmés et j'ai le droit de m'expliquer librement ici sur ce point.

Halte là ! monsieur Clémenceau. Expliquons la chose.

Une petite histoire, avant de commencer.

Dumanet criait à son capitaine qu'il venait de faire un prisonnier.

— Amène-le, répondit le capitaine.

— C'est qu'il ne veut pas me lâcher, répliqua le légendaire Dumanet.

Êtes-vous bien sûr, monsieur Clémenceau, d'être allé dans les réunions publiques? Êtes-vous bien certain d'avoir vu en face de vous des hommes qui prêchaient la violence et de les avoir blâmés?

Moi qui vous surveille avec une vigilante attention, je ne me doutais pas de cette affaire. J'ai vu quelquefois le peuple se rendre aux réunions Clémencistes, mais jamais M. Clémenceau venir aux réunions populaires.

Je me rappelle vous avoir vu, une fois par an, entouré de séides dévoués, vous produire devant vos électeurs afin de rendre compte de votre mandat ; vous aviez grand soin, en ces circonstances, de consulter fréquemment votre montre et de ne pas céder la parole à vos contradicteurs avant d'avoir amené vos auditeurs à ce moment psychologique où ils étaient disposés à répondre à la première provocation au tumulte suscitée par quelque zélé partisan de votre cause.

Quel jour avez-vous donc blâmé ou critiqué en face des hommes qui prêchaient la violence ? Vous n'avez pas eu l'intention de faire allusion à certaine scène très regrettable pour un homme de votre importance ; vous rappelez-vous, lorsqu'on vous demanda un jour, au cirque Fernando, ce que vous pensiez du parti ouvrier ? mais vous avez simplement qualifié de l'épithète de bonapartiste votre questionneur ; vous avez inséré cette insulte dans votre *Justice*, et, le lendemain, vous avez refusé une rectification accompagnée des preuves irréfutables de votre imposture, car on ne peut dire erreur après votre refus d'une si légitime réparation.

Non, monsieur Clémenceau, vous n'êtes jamais allé dans les réunions du parti ouvrier, auxquelles vous avez fait allusion. Votre franchise sur ce point fait fausse manœuvre.

Vous m'obligerez de vous rappeler que, non-seulement vous n'avez jamais répondu à aucune convocation à une réunion contradictoire, même que vous avez refusé de donner suite à une provocation que vous aviez lancée avec une certaine crânerie. Le lendemain, le 13 avril 1880, elle vous mérita la lettre suivante :

CITOYEN CLÉMENCEAU,

Je viens de lire dans le numéro d'hier du journal *la Justice* que vous êtes opposé à l'appropriation collective du sol, parce que vous êtes pour la liberté intégrale.

Votre serviteur, qui a l'honneur de vous écrire cette lettre, est collectiviste, parce qu'il ne comprend pas l'intégralité de la liberté en dehors du collectivisme.

Aussi, fort de mon opinion, je m'empresse d'accepter la proposition que vous formulez ainsi dans le numéro de votre journal :

« *Convoquez-nous dans de vastes salles, ouvrez les portes toutes grandes, et que vous soyez agent bonapartiste soudoyé ou tout ce qu'on voudra... . qui que vous soyez, je vous répondrai, soyez-en sûr.* » (APPLAUDISSEMENTS UNANIMES.)

Malgré la générosité de votre défi de répondre à qui que cela soit, je tiens à vous donner la possibilité de vous faire une opinion exacte sur ma parfaite honorabilité et la pureté de mes convictions républicaines. Vous pouvez vous adresser pour cela à M. Caduc, député de Bordeaux.

La salle de la rue Lévis,qui contient plus de 2000 persounes, me semble très convenable pour une réunion *publique* de ce genre.

Comme le collectivisme a inscrit sur son programme l'émancipation de la femme, vous ne verrez, je l'espère, aucun inconvénient à ce que les dames soient admises.

Je ne m'étends pas davantage sur le choix de la salle et les détails de l'organisation, car il est indispensable de savoir à l'avance quelles conditions vous mettrez à la réalisation de ce projet, je dois cependant vous déclarer dès aujourd'hui que je suis disposé à accepter toutes vos exigences, pourvu que la liberté de discussion soit garantie.

Je vous promets encore de ne pas sortir des termes d'une discussion loyale et courtoise.

Salut et Égalité
S. Deynaud.

Cette lettre n'eut d'autre réponse qu'une phrase jésuitique signée de votre nom dans le journal *la Justice*. Vous disiez ne pouvoir accepter de vous rendre à de grossières sommations.

Cet épisode a un nom dans l'histoire du parti ouvrier. On l'appelle la retraite de Drusus.

Ne vous vantez plus de votre franchise, vous me contraindriez à vous parler du républicanisme de M. Ribot.

Le maître ayant dit, les disciples passèrent à l'action. Le peuple fut convoqué à une grande réunion à Tivoli–Vaux-Hall.

M. Clémenceau était absent.

Tony Révillon présida.

Clovis Hugues prononça un discours, vrai poème politique.

Son dernier mot fut qu'il fallait la paix dans les esprits, si l'on voulait l'ordre dans la rue. L'orateur oublia de dire que la paix ne pouvait exister dans les esprits sans la satisfaction des estomacs.

Pelletan, avec son inflexible logique et sa précision incomparable, ne prouva pas que les radicaux avaient eu raison de refuser la révision lorsque Gambetta l'avait proposée.

Le député Gaillard, félibre méridional, orateur qui conclut difficilement, parla d'une foule de questions peu intéressantes.

Notre intervention nous mérita plus d'applaudissements que nous n'en attendions. Elle eut pour but de développer des conclusions formulées dans un ordre du jour que nous reproduisons plus loin.

Brousse, député de Perpignan, un citoyen content de lui-même, très prétentieux, nous reprocha sur le ton de l'indignation d'avoir accusé les révisionnistes de ne pas se préoccuper de la question sociale. A l'appui de son dire, il se déclara partisan du rachat des chemins de fer. C'est alors que nous vinrent à l'esprit les explications que nous avons données sur cette question dans la première partie de cette brochure.

Strauss, rédacteur au *Voltaire*, fit de vains efforts sans pouvoir faire comprendre au public quelle était l'inconséquence des révisionnistes rentrant en campagne quelques mois après avoir refusé la révision demandée par les opportunistes.

La séance fut agrémentée d'un intermède amusant par le député Vernhes, certainement un vénérable personnage, mais d'un drôle qui frise le ridicule.

Avant la clôture de la réunion, l'assemblée vota un ordre du jour en faveur de la révision indéterminée.

Notre proposition, pendant sa lecture, souleva les protestations des membres assis sur l'estrade présidentielle, la plupart députés ou sénateurs. Lorsque le moment de la voter fut venu, ces messieurs se levèrent et donnèrent le signal du départ ; le vote ne put avoir lieu. Voici notre proposition :

Considérant que la crise économique, conséquence de la généralisation universelle du machinisme et de l'outillage perfectionné, interrompue pendant quelques années par la période d'activité ouverte par l'exécution des travaux extraordinaires provoqués à la suite des chômages, des ruines, des destructions et des emprunts des années de 1870-1871, a repris toute sa gravité depuis l'achèvement de ces grandes entreprises ; que cette situation est aggravée par la diminution de nos importations et par l'expropriation d'une grande partie des classes aisées, dépouillées au profit des meneurs du Krach financier, dont on ne peut encore prévoir le dernier terme ;

Considérant qu'un gouvernement sincèrement républicain n'a pas le droit de se désintéresser des questions desquelles dépend le sort de la majorité des travailleurs, qu'il serait criminel en cherchant une diversion dans les aventures politiques ;

Considérant que la révision politique de la constitution ne peut résoudre les complications économiques ;

Les citoyens réunis au Tivoli-Vauxhall déclarent qu'il y a lieu de suspendre toute agitation politique ne tendant pas directement à dénouer la crise économique, soit de rejeter le projet de révision s'il n'implique l'inscription du droit au travail dans la nouvelle constitution ;

Ils décident la nomination d'une commission de cinq membres, ayant mandat de soumettre cette résolution aux divers groupes du

Parlement et de les inviter à prendre une attitude conforme aux vœux adoptés par les citoyens présents au Tivoli-Vauxhall.

Le malheureux sort de cet ordre du jour, loin de nous décourager, nous excita à poursuivre les ligueurs dans toutes leurs manifestations à Paris. Elles n'y sont pas fréquentes. Ces messieurs préfèrent l'air de la province !

Quelques jours plus tard on nous refusa l'entrée à la salle Vélard. Une lettre relatant l'incident fut adressée aux journaux *la Justice* et *le Voltaire*. *La Justice* n'inséra pas notre protestation. Nous la reproduisons.

Paris, le 15 mars 1883.

Vous m'obligerez en publiant la protestation suivante :

Lorsqu'un comité d'initiative a mis une question à l'ordre du jour de l'opinion publique, il est d'usage de convoquer aux réunions ultérieures les citoyens qui ont pris une part active à la première discussion, à moins qu'ils n'aient été reconnus indignes.

A la réunion du Tivoli-Vauxhall, j'avais parlé en faveur de la révision, j'avais même indiqué qu'elle devait s'étendre à la révision du contrat social.

N'ayant pas reçu de lettre d'invitation à la réunion privée de la salle Vélard, rue Saint-Marc, j'ai supposé qu'il me suffirait, pour être admis, de me présenter et de réclamer une lettre. Là, j'ai dû constater que j'étais systématiquement exclu, puisque MM. Barodet et Pelletan m'ont formellement refusé l'entrée.

Si les amis de M. Barodet comprennent la révision de la Constitution de la même façon qu'ils pratiquent la révision des meilleures traditions, que peut-on attendre de l'agitation qu'ils préparent ?

J'ai l'honneur de vous saluer.

S. Deynaud.

Les reporters des journaux *le Soleil*, *le Radical*, *le Temps*, soupçonnés par les ligueurs de ne pas éprouver un grand enthousiasme en faveur de la révision furent exclus de l'assemblée.

Les députés de Lanessan, Clovis Hugues, Lefèvre et quelques autres démissionnèrent, déclarant ne pas vouloir accepter les responsabilités de ces excommunications.

Voilà comment se comportèrent les prétendus sectaires de la suprématie de la souveraineté nationale ; ces messieurs qui se vantent au Parlement d'aller jouer les croquemitaines dans les réunions publiques.

Moins susceptible que les autres expulsés, persuadé qu'on n'avait pas donné sans motif si sévère consigne, il nous sembla raisonnable de rester à la porte et d'écouter de notre mieux. Il nous fut ainsi possible d'entendre le grand leader de la révision prononcer d'une voix fatiguée un discours embrouillé, tout à fait de circonstance. Cette improvisation n'a pas été publiée par le journal *la Justice ;* elle se résumait dans cette phrase dont nos garantissons exactement le sens : « Nous « devons nous limiter à proclamer la nécessité de la révision, « sans nous expliquer sur nos préférences ; si nous procédions « autrement, *surgiraient aussitôt des divergences qui nous met-* « *traient immédiatement en désaccord, et nous ne pourrions continuer* « *l'organisation de la Ligue.* »

Après cette franche péroraison, suivie des applaudissements obligatoires, on vota les statuts de la Ligue.

Plus tard le comité de la Ligue a adressé aux adhérents un manifeste pas moins équivoque que le discours de M. Clémenceau.

La plupart des adhésions parvenues à la Ligue, plutôt les extraits publiés par le journal *la Justice,* procèdent avec une égale franchise : des phrases et rien que des phrases. Les adhésions les plus creuses sont celles qui méritent le mieux les éloges de *la Justice.* Nous reproduisons un extrait du *Vieux Corsaire de Saint-Malo,* tel qu'il a été inséré et apprécié dans *la Justice* du 4 avril.

Nous lisons dans un éloquent article du *Vieux Corsaire,* de Saint-Malo, les lignes suivantes :

Le fil conducteur semble faire défaut. Trompé par ceux en qui on avait mis sa confiance, on ne sait plus de quel côté se retourner.

Pour moi, je ne vois qu'une solution, je ne vois qu'un moyen de sortir de là, — *sans révolution et sans violences,* — et il faut tout faire pour ne pas en arriver à la violence ; car une fois le premier coup porté, qui peut dire où on s'arrêtera ?

Eh bien, pour moi, la source de tout le mal est dans la *Constitution,* Constitution tellement défectueuse qu'elle permet de faire d'une façon non pas licite, mais légale, tout ce qui se fait actuellement ; et que, sans la violer, sans même avoir besoin de la tourner, on peut faire bien pis encore.

Eh bien, je dis qu'une telle Constitution est jugée et ne saurait durer plus longtemps : il faut que *tous les honnêtes gens* s'entendent pour la réviser et la remplacer par une autre, — qui ne sera peut-être pas parfaite, mais sera assurément moins mauvaise. Il faut arriver à placer la souveraineté dans le peuple même et, pour cela, un seul moyen légal : la révision de la Constitution.

Dans le même numéro nous trouvons cependant une citation un peu plus explicite que toutes celles qui précèdent.

Le *Patriote d'Aix* (Bouches-du-Rhône) inscrit en tête de ses colonnes les réflexions suivantes :

Diviser les révisionnistes en deux ou trois camps serait une insigne maladresse.

La Ligue ne doit donc pas, selon nous, s'occuper de la quantité de révision à obtenir, mais seulement et simplement de la révision en elle-même.

Que le Sénat soit supprimé ou qu'il soit nommé par le suffrage universel, qu'importe à l'heure actuelle?

Au point de vue du principe il importe peu que le Sénat soit supprimé ou qu'il soit nommé par le suffrage universel. Car le Sénat élu, ayant la même origine que celle de la Chambre, aura certainement le même mandat. Les affaires publiques iront ni mieux ni pire; le char de l'État aura simplement une cinquième roue dont le graissage coûtera quelques millions.

Les députés ont un avantage réel à conserver un Sénat élu, parce qu'il sera un débouché qui les débarrassera de quelques centaines de concurrents pendant les périodes électorales; puis ces mêmes hommes classés dans un Sénat inutile, ne seront plus pendant la durée du mandat un danger permanent pour le député, qui évitera ainsi des surveillants d'autant plus gênants qu'ils connaissent mieux les détours du sérail politique. L'homme public enfoui dans les profondeurs du Sénat sera un complice. Délaissé dans le forum, il serait un concurrent. Quiconque sait apprécier le désintéressement de nos politiciens comprendra leurs répugnances à faire campagne contre cette institution de sûreté.

M. Clémenceau, on le sait, s'est prononcé plusieurs fois contre le Sénat; ses électeurs ne lui permettraient pas de le défendre. Mais quel abîme entre une négation platonique de l'utilité du Sénat et une vigoureuse campagne menée avec un entrain comme celui que semblait présager le cri enthousiaste de M. Madier de Montjau : Sus au Sénat!

M. Clémenceau ferait plutôt la campagne opposée. On trouve à peine dans le journal *la Justice* quelques extraits demandant la suppression du Sénat. Cependant il ne serait pas difficile de faire de nombreuses citations en ce sens.

La tendance opposée est même très accusée.

Le journal *la Justice* signale avec un soin particulier tout ce qui tend à faire prévaloir l'idée d'un Sénat élu. M. Longuet, dans le premier-Paris numéro du 2 avril, célèbre en des termes dithyrambiques l'adhésion à la révision des candidats sénatoriaux de l'Ardèche :

La Ligue révisionniste vient de recevoir un renfort inattendu. C'est une réplique plus décisive, plus écrasante que *dix volumes de polémique*, aux plaisantins qui enregistrent chaque jour l'échec de notre propagande, avant qu'elle se soit répandue... que dis-je! avant même que nous ayons fini de la préparer et de l'organiser.

Quelle leçon de politique transcendante pour ces grands hommes qui s'imaginent que pour être un Machiavel il suffit d'écrire tous les jours le contraire de ce qu'on sait et de ce qu'on pense! Ils nous menaçaient du suffrage universel, qui de sa colère, qui de son indifférence, qui de sa raillerie, terrible et foudroyante comme l'ironie d'un Dieu. *Bone Deus!* le suffrage universel n'ayant pas encore eu l'occasion de tonner, voilà que le suffrage restreint, piqué au jeu, emprunte sa foudre et se prépare à fulminer... contre la Ligue? Allons donc, ce serait banal, ce serait le vieux jeu et nous n'en parlerions seulement pas. Non, contre les antiligueurs, contre les ajourneurs même les plus souples et les plus madrés, les plus prêts à nous donner raison en principe. Un suffrage restreint impatient, intransigeant, quoi!

Et où ce phénomène va-t-il se passer? Dans une de ces villes grossièrement plébéiennes d'où la République athénienne de MM. Say et Rothschild n'a rien de bon à attendre? Dans un de ces départements fameux par l'ardeur de leur tempérament et l'outrance de leurs revendications? Pas du tout. Dans un département modéré, représenté à la Chambre par des députés qui n'ont pas adhéré à la Ligue, l'Ardèche.

L'article continue sur le même ton.

Voici les déclarations qui avaient inspiré l'article de M. Longuet, les seules qui aient eu le bonheur d'être louées dans un premier-Paris de *la Justice*.

Elles sont extraites du même numéro.

Ardèche. — Trois sur quatre des candidats dans l'élection sénatoriale qui doit avoir lieu le 8 avril dans l'Ardèche, se prononcent très nettement pour la révision de la Constitution.

Nous détachons des professions de foi de MM. Odilon Barrot, Seignobos et Destremx, les passages relatifs à la révision, auxquels il est fait allusion dans l'article de notre collaborateur Longuet :

Il n'est pas douteux, dit M. Odilon Barrot, que les difficultés et les crises actuelles doivent être uniquement attribuées aux imperfections du pacte constitutionnel, qui nous régit, adopté dans les condilions que vous savez à titre essentiellement provisoire de transactions et dont le parti républicain doit avoir à cœur de réviser les dispositions qui perpétuent sous un gouvernement d'appellation républicaine l'ensemble des institutions léguées par les régimes antérieurs. L'harmonie des pouvoirs, le fonctionnement régulier de notre organisation actuelle dépendent de l'accomplissement de cette réforme, qui ne peut plus être ajournée sans péril.

M. Destremx dit de son côté :

Je tiens à dire que je suis aujourd'hui ce que j'étais autrefois, profondément convaincu que la République est le seul gouvernement qui puisse être assez fort pour dominer les crises que nous venons de traverser, sans même en être ébranlé, et qui nous assurera par *la réalisation des réformes que la démocratie attend avec tant d'impatience* (parmi lesquelles au premier rang « la révision des lois constitutionnelles dans le délai le plus rapproché »), cette stabilité si nécessaire à la prospérité commerciale, agricole et politique de la France.

Enfin voici comment s'exprime M. Seignobos :

Révision de la Constitution dans un sens démocratique, *pour que le Sénat puisse être la sauvegarde de la République.* Il devrait tenir ses pouvoirs du suffrage universel s'exerçant par le scrutin de liste dans le département tout entier. C'est là une réforme indispensable.

La question de la révision est donc nettement posée dans le département de l'Ardèche.

Ces candidats en ont été pour leur éloquence, leur clarté et leur franchise, les électeurs ont préféré M. Chalamet.

Enfin les ligueurs ont envoyé à tous les adhérents un manifeste contenant d'excellents conseils sur les meilleurs moyens pratiques d'organiser la Ligue. Cette circulaire est muette sur le fond de la question ; au point de vue administratif elle est parfaite ; elle convient très bien à n'importe quelle ligue poursuivant un but politique, économique, moral.

Où nous conduiront cette agitation et la révision qui certainement sera imposée par elle ?

Les travailleurs resteront Gros-Jean comme devant.

Les résultats immédiats se traduiront par un ministère Clémenceau, suivi d'une grande curée politique, livrant aux meilleurs ligueurs les fonctions et les sinécures arrachées au clan opportuniste.

Le peuple regardera faire, un peu ahuri, mais toujours confiant, et entretenu avec soin par les meneurs radicaux dans l'idée que ces choses sont les préludes nécessaires à la stabilité et à la prospérité promises et attendues. Lorsqu'il commencera à crier misère, on aura recours à de nouveaux expédients, on poussera les grandes municipalités à des travaux extraordinaires; l'Etat lui-même donnera le branle en empruntant pour ouvrir de grands travaux publics ; après quelques mois, peut-être après un an ou deux, on aura épuisé le crédit de la nation déjà très compromis et l'on ne pourraplus rien faire en faveur des travailleurs mis en disponibilité par l'abandon d'un système de travaux publics devenu impossible. Le peuple, cela est certain, n'ayant pas une dose de radicalisme telle qu'il se résigne à mourir de misère en saluant les grands constituants de 1884, répétera d'abord les démonstrations pacifiques, puis les manifestations armées de 1848. On verra alors M. Clémenceau avoir la franchise de se conduire comme un vulgaire Ferry. On modifiera d'abord les lois sur l'affichage, sur les attroupements, sur la presse, les réunions et le reste. Et si le peuple n'est pas content, on lui servira libéralement, égalitairement, fraternellement, des pruneaux en plomb. Et...

Il y a un autre moyen de se tirer momentanément des embarras suscités par les complications économiques : une bonne guerre, un peu longue, qui suspendrait la production pendant un an ou deux, et ferait détruire beaucoup de villages, de villes, d'équipements, de munitions, et tuer de nombreux travailleurs. La conclusion de la paix serait immédiatement suivie d'une reprise des affaires. Mais, la science nous livrant chaque année de nouveaux engins de production, il ne faudra pas plus de trois ou quatre ans pour se trouver aussi embarrassé que précédemment. Il est vrai que l'on pourra recommencer.

Cette probabilité d'une guerre n'est pas complètement à écarter. Il faut avouer qu'elle fournirait un excellent prétexte à beaucoup de directeurs et d'administrateurs de sociétés pour expliquer un effondrement inévitable, qui survenant en pleine paix, peut leur ôter tout espoir de relèvement.

Nous ne disons pas toutes ces choses pour décourager les ligueurs. Nous avons voulu avertir les naïfs et les mettre en garde contre les surprises politiques. Qu'ils le sachent bien, la révision, si elle n'amène l'apaisement de la crise, est grosse de troubles et d'imprévu.

Nous qui sommes révisionnistes et qui savons pourquoi, et qui n'avons aucun motif de taire notre opinion, nous dirons quelles sont les conditions de la stabilité, de la politique d'évolution, de la suprématie de la souveraineté de la nation. Il nous revient d'aborder cette tâche, puisque tous les partis semblent reculer devant elle.

La souveraineté de la nation n'est pas illimitée. Elle n'a pas le droit de s'élever au-dessus de son principe ; elle n'a pas le droit de s'insurger contre la science ou la raison.

Le suffrage universel n'a pas le droit de décréter que 2 et 2 font 5, ou bien que la ligne droite n'est pas le plus court chemin d'un point à un autre. Toutes les fois qu'il y a science, le suffrage universel n'a pas à intervenir.

Quel que soit notre respect envers cette institution, nous ne le pousserons jamais jusqu'à laisser croire au peuple qu'il peut éviter certaines crises, lorsqu'il use de sa souveraineté à maintenir, même à consolider les causes qui les engendrent. La raison nous enseigne que, pour éviter les conséquences, il faut supprimer les causes. Lorsque le suffrage universel aura la prétention de procéder autrement, loin de proclamer sa souveraineté, nous nous ferons un devoir de lui dire respectueusement, c'est-à-dire clairement, qu'il est le suffrage de la bêtise, et nous refuserons de respecter ses arrêts.

Avant de parler au suffrage universel de sa puissance, il nous convient de déterminer ce qu'il n'a pas le droit de faire, ce qui échappe légitimement à sa compétence.

Le suffrage universel est la loi des majorités. Les majorités n'ont pas le droit d'aliéner leur souveraineté dans les mains d'un homme, d'une race, d'une classe, parce que cet acte est la négation de leur principe. Donc le suffrage universel n'a pas le droit de voter une constitution monarchique, même oligarchique.

Le suffrage universel n'a pas le droit d'empêcher un seul citoyen de travailler; il ne peut laisser à un monarque, à une race, à une classe, la faculté de régler arbitrairement les conditions du travail. La constitution doit donc mettre au-dessus du suffrage universel le droit à la République et le droit au travail.

M. Clémenceau n'a pas voulu énumérer les garanties de la souveraineté nationale.

Le problème serait-il trop compliqué? A nos yeux il est très simple. Le peuple, s'il est souverain, doit avoir la faculté de se réunir, de publier et d'afficher sa pensée, et d'associer ses efforts.

Les moyens pratiques d'exercer sa souveraineté l'obligent à recourir à des délégations. Ces délégations, pour être sérieuses, doivent être impératives, le mandant doit conserver le pouvoir de contrôler et de révoquer le mandataire infidèle.

Faisant l'application de cette théorie, sans laquelle le suffrage universel n'est qu'une duperie, nous trouverons que la constitution est mauvaise et qu'elle doit être révisée :

1° Parce qu'elle ne contient aucune affirmation du droit au travail; cette lacune, dans une société où la matière première est possédée par quelques-uns, laisse le prolétaire désarmé à la merci des monopoleurs en possession de cette matière ;

2° Parce qu'elle admet un suffrage restreint nommant un Sénat destiné à exercer un pouvoir prépondérant sur la Chambre élue par le suffrage universel ;

3° Parce qu'elle interdit le mandat impératif ;

4° Parce qu'elle ne contient aucune clause réservant le droit des mandants contre les mandataires infidèles ;

5° Parce qu'elle ne met pas les libertés nécessaires, de presse, de réunion, d'association, au-dessus des caprices des gouvernements.

A ceux qui n'ont pas osé se prononcer sur les termes de la révision de réfuter nos conclusions, de dire quelle partie ils acceptent et quelle partie ils rejettent; s'ils ne le font spontanément, aux groupes adhérents de forcer les pontifes à sortir des généralités et des banalités.

Il y aurait ignorance ou mauvaise foi à prétendre apaiser la crise, fermer l'ère des révolutions, donner la stabilité nécessaire, si l'on rejette le droit au travail, et si l'on recule devant les institutions conformes à ce droit méconnu; parce que les victimes de cette négation ne manqueront pas d'user de leurs droits politiques pour troubler la sécurité d'un ordre social où ils souffrent du mal de misère.

Des sophistes nous répondront que, par l'acquisition des libertés politiques, on peut ensuite conquérir les garanties économiques. Ce raisonnement aurait quelque valeur si le peuple était conscient de ses droits. En procédant ainsi, l'éducation du peuple allant moins vite que les excitations de la misère et des intrigants à mésuser des libertés politiques, il arrivera toujours ce qui ne cesse de se produire, après comme avant l'institution du suffrage universel, des chocs terribles entre des éléments sociaux qui ne manqueraient pas de trouver une solution conforme aux intérêts de tous, si les souffrances du mal de misère ne maintenaient la masse dans une situation morale toujours accessible aux provocations des politiciens.

Tandis que si l'on agit différemment, la masse possédera bientôt une tranquillité d'esprit, résultant de la satisfaction des besoins matériels, qui la conduira progressivement à saisir les justes limites des réformes politiques et à savoir se servir de ses nouveaux droits selon ses intérêts et non suivant les suggestions de quelques meneurs.

CONCLUSION

Nous avons déterminé les causes de la crise. Nous avons indiqué qu'elle pouvait être apaisée par des institutions en harmonie avec la théorie du droit au travail, droit naturel dont il faut exiger l'inscription en tête de la constitution sociale.

L'agitation révisionniste est menée par des personnalités politiques, trop timides ou bien trop pressées de jouir de ses résultats ; elles reculeront devant les fatigues et les lenteurs d'une action sincèrement socialiste,

Les propagandistes, les hommes de combat, ceux qui poursuivent le triomphe de l'idée, comprendront qu'il est de leur devoir de se porter là où la lutte est commencée.

Il appartient rarement aux minorités, quelle que soit leur ardeur, de choisir leur terrain d'opération. Elles doivent se produire partout où l'opinion publique a fixé son attention. C'est la seule concession qu'elles puissent faire.

Les socialistes peuvent essayer de majorer par de nombreuses délégations la Ligue révisionniste radicale. S'ils n'y réussissent, rien ne les empêche de se conduire en vaillante minorité. Si leur entrée en scène était suffisamment vigoureuse pour obliger à la défensive les initiateurs de ce mouvement politique, ils gagneraient davantage dans l'opinion publique surexcitée par cette intervention qu'ils ne pourront acquérir par plusieurs campagnes d'une propagande difficile et peu fructueuse dans un milieu indifférent.

Qu'ont-ils à redouter de l'adoption de cette tactique?

Leurs doctrines sont théoriquement irréfutables. Pratiquement, l'évolution économique substituant partout la forme actionnaire à celle du patronat individuel, par la puissance exceptionnelle qu'elle confère à ceux qui en ont monopolisé les avantages, par les incertitudes, les souffrances, qu'elle impose à ceux qui subissent en sous-ordre les nécessités de cette nouvelle forme de la production, fournit assez d'arguments aux socialistes pour qu'ils puissent faire bonne contenance, soit qu'ils procèdent positivement ou bien négativement.

Les inimitiés, les haines personnelles ne sauraient arrêter les militants sincères. Au reste les jeunes partis ne vivent guère que des coups qu'ils reçoivent.

Il faut aller au milieu des groupes radicaux ralliés au projet de révision politique proclamer la science sociale.

La crise est d'ordre économique.

Elle résulte de la mauvaise répartition des richesses.

Les richesses naissent de la fécondation de la matière par le travail. Les capitalistes se sont emparés d'un élément créateur de la richesse, de la matière. Ils ont fait accepter par un peuple ignorant et crédule une légalité sanctionnant cette usurpation.

Les capitalistes ont le droit légal de soustraire la matière aux contacts du travail ; ils autorisent ou défendent à leur guise les étreintes de ces deux générateurs de la production, ils règlent arbitrairement tous les détails de chacune, ils n'en permettent jamais aucune, sans s'être assurés préalablement de recueillir la plus grande somme des richesses qu'elle devra enfanter.

Cela est inique.

L'origine des perturbations sociales est inhérente à l'ordre social qui légalise ce triomphe de la force, cette négation du droit naturel. Chercher le remède ailleurs que dans la disparition de cette légalité immorale n'est pas œuvre sérieuse.

Les révisionnistes les plus ardents disent : Sus au Sénat!

Aux socialistes de crier partout :

Sus à l'Alphonsisme capitaliste!

Paris, 25 avril 1883.